LECTURAS ELI JÓVENES

Las Lecturas ELI son una completa gama de publicaciones para lectores de todas las edades, que van desde apasionantes historias actuales a los emocionantes clásicos de siempre. Están divididas en tres colecciones: Lecturas ELI Infantiles y Juveniles, Lecturas ELI Adolescentes y Lecturas ELI Jóvenes y Adultos. Además de contar con un extraordinario esmero editorial, son un sencillo instrumento didáctico cuyo uso se entiende de forma inmediata. Sus llamativas y artísticas ilustraciones atraerán la atención de los lectores y les acompañarán mientras disfrutan leyendo.

El Certificado FCS™ garantiza que el papel usado en esta publicación proviene de bosques certificados, promoviendo así una gestión forestal responsable en todo el mundo.

Para esta serie de lecturas graduadas se han plantado 5000 árboles.

Cristina Bartolomé Martínez

¡De Fiesta!

**España a través
de sus fiestas
y tradiciones**

Lecturas ELI Adolescentes

¡De Fiesta!
España a través de sus fiestas y tradiciones
Cristina Bartolomé Martínez
Control lingüístico de Carlos Gumpert

ELI Readers
Ideación de la colección y coordinación editorial
Paola Accattoli, Grazia Ancillani, Daniele Garbuglia (Director de arte)

Proyecto gráfico
Airone Comunicazione - Sergio Elisei

Compaginación
Airone Comunicazione

Director de producción
Francesco Capitano

Créditos fotográficos
Shutterstock, Archivo ELI

© 2018 ELI s.r.l.
P.O. Box 6
62019 Recanati MC
Italia
T +39 071750701
F +39 071977851
info@elionline.com
www.elionline.com

Font utilizado 12/15 puntos Monotipo Dante

Impreso en Italia por Tecnostampa Recanati
ERT 261.01
ISBN 978-88-536-2403-1

Primera edición: febrero 2018

www.eligradedreaders.com

Sumario

PRIMAVERA
- 8 La Mona de Pascua
- 10 Festival del Viento: Valencia
- 12 Feria de Abril
- 14 Fiesta de Moros y Cristianos
- 16 Los Patios de Córdoba
- 18 El Rocío
- 20 Feria de San Isidro
- 22 El Corpus Christi

VERANO
- 24 San Juan: la fiesta del verano
- 26 Los Sanfermines
- 28 El Camino de Santiago
- 30 Diablos y Bestias de fuego
- 32 La Tomatina
- 34 El descenso del Sella
- 36 El festival Pirineos Sur
- 38 Feria del teatro de Tárrega

OTOÑO
- 40 Festival Internacional de cine fantástico de Cataluña
- 42 Fiesta de la Vendimia
- 44 Fiestas del Pilar
- 46 Todos los Santos
- 48 Fiesta del Samhain
- 50 Sabores otoñales
- 52 Magosto
- 54 Eid al-Adha en Ceuta

INVIERNO
- 56 Feria de Santo Tomás
- 58 ¡Ya está aquí la Navidad!
- 60 La Cabalgata de Reyes
- 62 Fiesta de los *Tres Tombs*
- 64 Silbo gomero
- 66 Carnevales en España
- 68 El Entroido
- 70 Las Fallas de Valencia

- 71 Actividades

Estos iconos señalan las partes de la historia que han sido grabadas.

empezar ▶ parar ■

Mapa de España (parcial)

- **GALICIA**: A Coruña, Santiago de Compostela, Lugo, Pontevedra, Ourense
- **ASTURIAS**: Oviedo
- **CANTABRIA**: Santander
- **CASTILLA Y LEÓN**: León, Burgos, Palencia, Zamora, Valladolid, Salamanca, Segovia, Ávila
- **MADRID**: Madrid
- **CASTILLA-LA MANCHA**: Toledo, Ciudad Real, Guadalajara
- **EXTREMADURA**: Cáceres, Mérida, Badajoz
- **ANDALUCÍA**: Huelva, Sevilla, Córdoba, Jaén, Granada, Málaga, Cádiz
- Ceuta
- GIBRALTAR (UK)
- PORTUGAL
- MARRUECOS
- Océano Atlántico

FRANCIA

ANDORRA

Pamplona (Iruña)

Huesca

Girona

CATALUNYA

Zaragoza

Lleida

Barcelona

ARAGÓN

Tarragona

Teruel

Castelló de la Plana

COM. VALENCIANA

València

Menorca

Palma

Mallorca

ILLES BALEARS

Eivissa

Formentera

Albacete

Alicante (Alacant)

MURCIA

Murcia

Mar Mediterráneo

Océano Atlántico

Lanzarote

ISLAS CANARIAS

La Palma

Santa Cruz de Tenerife

Fuerteventura

La Gomera

Tenerife

Las Palmas

ARGELIA

El Hierro

Gran Canaria

LA MONA DE PASCUA

▶ 2 **En España hay muchas tradiciones* en Pascua: una muy dulce y rica* es ¡la Mona de Pascua!**

La Mona

Este bizcocho* tiene nombre de animal: la mona. La preparan en muchos lugares de España para tomarla el domingo o el lunes de Pascua. Esta tradición se celebra especialmente en Cataluña, Valencia, Aragón y en Murcia. La mona tradicional es un bizcocho que lleva huevos cocidos* encima con las cáscaras* de colores fuertes. A veces tienen forma de serpiente o de otros animales.
En Cataluña y Baleares muchas monas son de bizcocho con crema, mermelada, chocolate… y no lleva huevos cocidos, ¡los huevos son de chocolate! También hacen figuras de chocolate.

Curiosidad
¡Hay pasteleros* que hacen esculturas* de chocolate negro muy grandes!

La tradición

La Pascua es una fiesta católica, ¡pero esta tradición viene de los árabes! El nombre "mona" viene del árabe *munna* que quiere decir "cosas para la boca". Los árabes estuvieron en la Península Ibérica desde el año 711 hasta el 1492. En 1502 los reyes Católicos prohibieron la religión del Islam. Los moriscos eran los musulmanes (de religión islámica) españoles que aceptaron la religión católica. Y la Mona era un regalo que los moriscos daban a sus señores en Pascua.

Actualmente

… los padrinos la regalan a sus ahijados. Estos tienen que ir a buscarla a casa de los padrinos y luego comen la Mona con toda la familia el lunes de Pascua. Van todos juntos a comer al campo, ¡y a vivir la primavera!

Otros dulces "pascuales"

¿Tenéis más hambre? ¡No pasa nada! La Pascua llega a España con muchos dulces.

Buñuelos: son un plato de Cuaresma, los cuarenta días antes de la Pascua. Están hechos de harina y azúcar.

Torrijas: las preparan con pan duro con leche y huevo. También llevan miel o azúcar o canela… mmm, ¡están para chuparse los dedos*!

Pestiños: en Andalucía los comen en Pascua. Es un dulce muy antiguo, y muchos piensan que viene de la época árabe.

Curiosidad

Todos los dulces que has visto se hacen con dos o más de estos ingredientes:

bizcocho: dulce preparado con harina, huevos, azúcar y leche
cáscara: parte exterior y dura del huevo.
cocer/cocido: poner en agua a 100 ºC para cocinar.
escultura: figura hecha de papel, madera u otro material

para chuparse los dedos: está muy bueno
pastelero: persona que prepara dulces
rico: (aquí) muy bueno para comer
tradición: cosa que un pueblo hace desde hace muchos años

PRIMAVERA

FESTIVAL DEL VIENTO: VALENCIA

▶ 3 **En el mes de abril se celebra en Valencia el Festival internacional del Viento, un maravilloso evento* si te gustan las cometas.**

¿No sabes qué son las cometas?

Es un juguete* que se fabrica con tela* o papel y madera; hay que cogerla con una cuerda fina para hacerla volar.

Valencia: capital* del viento

Valencia es una de las ciudades más importantes del Mediterráneo español. Desde 1997, cada mes de abril, su cielo se viste de colores con el Festival del Viento (www.festicometavalencia.com). Los valencianos celebran este divertido evento en la famosa playa de la Malvarrosa y allí van artistas de todo el mundo que hacen volar sus cometas libres por el cielo azul de Valencia.

El viento en Valencia es perfecto para las cometas gracias al clima y al mar.

Muchas actividades

El Festival no es solo la exhibición* de los artistas en el arte de la cometa; hay también muchas otras actividades y todo el mundo puede participar en ellas, pero sobre todo, los más jóvenes.

¿Sabes hacer volar una cometa?

Las personas que no han hecho volar nunca una cometa pueden hacerlo por primera vez, eso se llama Bautismo de vuelo; también hay talleres para hacer cometas; competición infantil; vuelo por grupos y exhibición de acrobacias*. ¡Este festival es para celebrar la vida y la felicidad!

Un antiguo arte chino

La cometa es un juguete de China y tiene muchísimos años, ¡más de 3000! Hoy en día, la cometa es libertad, arte y un divertido juego que une a padres e hijos. Pero la cometa la hicieron por primera vez los soldados. Con los colores y movimientos de las cometas se mandaban mensajes. Era una buena manera para esconder sus cosas a sus enemigos. En Europa, es un juego muy usado desde el s. XII por niños y adultos.

¿Sabías que?

El científico **Benjamin Franklin** usó la cometa para estudiar los rayos e inventar el pararrayos.

Curiosidad

En valenciano llaman a las cometas "cachirulos". Un poco antes de Pascua, es muy normal ver mercadillos* de cometas y salir al campo con toda la familia para hacerlas volar.

acrobacia: ejercicios que se hacen en el aire
capital: la ciudad más importante de una zona
evento: suceso, cosa importante que sucede
exhibición: enseñar a la gente cómo se hace una cosa
juguete: objeto para divertirse los niños
mercadillo: tiendas al aire libre
tela: material que se usa para hacer ropa

PRIMAVERA

FERIA DE ABRIL

▶ 4 **En primavera la ciudad de Sevilla se viste de gala* para su fiesta más importante y famosa: ¡la Feria de Abril!**

Todos los sevillanos esperan muy ilusionados* el mes de abril. Es el momento de vestir sus trajes de Faralaes y de ir a la Feria a bailar sevillanas. Todo el público se reúne en un lugar muy grande llamado Real de la Feria; allí los grupos han montado pequeñas casas (se llaman *casetas*) y calles por las que los coches de caballos pasean. En las casetas hay espectáculos de sevillanas y flamenco y la gente puede ir a comer y estar con sus amigos.

Es una fiesta muy importante que visitan unas 500 000 personas diarias. En 1980 la hicieron Fiesta de Interés Turístico Internacional.

¿Cómo nacen las ferias?

La feria de Sevilla, como muchas otras, nace para los comerciantes*, agricultores* y ganaderos*. Allí presentaban su material, para vender y comprar. Así nace la feria de Sevilla en el año 1847, pero gracias a la alegría de los sevillanos y a sus ganas* de cantar y bailar, ahora es solo un evento festivo.

Las casetas

En origen* las casetas eran establos, lugares donde descansaban los animales. Pero ya desde finales del s. XIX, las casetas fueron lugares de diversión, para vender comida, tocar música y bailar. Algunas de estas casetas son privadas y hay que tener una invitación para poder entrar. Otras son públicas, ¡y todo el mundo es bienvenido!

La comida de la feria

La mayoría de las casetas suelen ofrecer tapas de diferente tipo: jamón, tortilla de patatas, gazpacho, etc. La noche del sábado al domingo es la "noche del pescaíto". Lo típico* ese día es preparar pescado frito.
Otra comida muy típica de la feria son los churros con chocolate caliente, que en Sevilla se llaman "calentitos".

Traje de *faralaes*

Un traje de *faralaes* es un traje típico andaluz, aunque mucha gente lo conoce como traje de flamenca o de gitana. Lleva llamativos volantes* y colores, pendientes grandes y una peineta en el pelo.
El traje flamenco o traje de gitana era el vestido cómodo que llevaban las mujeres de los comerciantes de la feria en el pasado, muchas de ellas eran gitanas. Ellas añadían a sus cómodos vestidos unos volantes y, poco a poco, hicieron una moda.
Desde la Exposición iberoamericana de Sevilla en 1929 el traje de gitana está de moda entre todas las mujeres: pobres y ricas.

Las sevillanas

Es un baile típico de Sevilla, pero también se baila en toda Andalucía. Los músicos dicen que es un estilo del flamenco; se hace música con las guitarras, con las palmas (las manos) y la voz de un cantante. Se baila en pareja, ¡y es muy divertido!

agricultor: persona que trabaja el campo para coger sus frutos
comerciante: persona que vende y compra cosas
de gala: vestido elegante, de fiesta
ganadero: persona que cría animales de granja (vacas, toros...) para venderlos después
ganas: deseos de hacer una cosa
ilusionado: con ilusión
origen: de qué lugar o época es
típico: que se hace o se ve mucho en un lugar
volante: decoración de algunos vestidos

PRIMAVERA

5 **La fiesta de Moros y Cristianos se celebra en muchas ciudades de España, sobre todo en la Comunidad Valenciana. Se representan* las guerras entre los árabes y los cristianos para ganar el territorio* de la Península Ibérica.**

Un poco de historia: la Reconquista

En el año 711 los árabes llegaron a la Península Ibérica y, en pocos años, tomaron toda Hispania. Desde el norte, los cristianos empezaron la guerra para tener otra vez el control* de España: esto se llama la Reconquista.

Fiesta de Moros y Cristianos de Alcoy

Esta fiesta se celebra en la ciudad española de Alcoy alrededor* del 23 de abril, que es el día de San Jorge, patrón* de la ciudad. Esta fiesta representa una historia fantástica*, una leyenda: la batalla* de Alcoy que sucedió en 1276 entre los habitantes de Alcoy y los árabes. La leyenda dice que San Jorge llegó y ayudó* a los habitantes de Alcoy a ganar la batalla. Durante esta fiesta los habitantes hacen dos grupos, el Grupo moro (de los árabes) y el Grupo cristiano. Los dos grupos forman "comparsas" o grupos más pequeños que preparan carros, bailes y

FIESTA DE MOROS Y CRISTIANOS

movimientos y pasean vestidos con trajes típicos por las calles de Alcoy. Todo empieza el 22 de abril, "Día de las entradas": todos los grupos caminan por la ciudad al mismo tiempo. El 23 de abril es el "Día del patron", San Jorge. El 24 de abril es el "Día del alardo" y los dos grupos representan batallas y luchas. Al final de la espectacular representación se hace una cena popular (con todo el pueblo) en la plaza y los alcoyanos se divierten juntos.

Curiosidad

La música es muy importante en las fiestas de Moros y Cristianos, siempre se han usado instrumentos diferentes:

tambores    *flautas*

castañuelas    *trompetas*

Las batallas son muy realistas: todo nos hace pensar en las guerras de verdad. ¡Y la ropa que llevan los Moros y los Cristiano representa muy bien los trajes de la época!

¿Sabías que?

La fiesta de Moros y Cristianos en Alcoy es una Fiesta de Interés Internacional.

Adivina

La batalla de Moros y Cristianos se celebra en varias ciudades de España. En los lugares cerca del mar la celebran de una manera un poco diferente, adivina cuál es:

a ▢ Reyes contra campesinos

b ▢ Carne contra pescado

c ▢ Cristianos contra piratas

alrededor: cerca de una cosa en todas las direcciones posibles
ayudar: estar del lado de otra persona cuando te necesita
batalla: lucha en una guerra
controlar: tener poder sobre una persona o cosa
fantástico: que no es real
representar: explicar en una obra de teatro, con palabras o con imágenes, los hechos del pasado o también imaginados
territorio: lugar
patrón: en la religión, el personaje (santo) que cuida a un pueblo, persona, animal

PRIMAVERA

LOS PATIOS DE CÓRDOBA

▶ 6 Empecemos por el principio*: ¿qué es un patio? En algunas casas, a la entrada, hay un lugar abierto, sin techo. En España son muy famosos los patios andaluces, de Andalucía, en el sur. Normalmente los patios andaluces son blancos, tienen muchas flores de colores y a veces hay una fuente o un pozo. Son muy famosos los patios de Córdoba, que tienen su propia* fiesta-concurso*.

En Córdoba, y en toda Andalucía, hace mucho calor, sobre todo en verano. Hace muchos años, los romanos vivieron en Córdoba e hicieron casas con un espacio fresco* en el centro, muchas veces con una fuente o un pozo para coger agua de la lluvia. Después, los árabes añadieron muchas plantas para tener más fresco. Así empezaron los patios de Córdoba a tener muchas flores.

Mayo florido y hermoso

El Festival de los Patios se celebra desde 1924 en mayo, el mes de las flores y de los colores. Esta fiesta es desde 2012 Patrimonio Cultural Inmaterial de la Humanidad por su belleza y su importancia cultural. La gente de Córdoba decora* sus patios para ganar el Premio del Ayuntamiento*. Durante todo el año estos vecinos cuidan* sus plantas con mucho amor y se preparan para tenerlas muy bonitas durante el Festival.

Todos los cordobeses y los visitantes pueden entrar durante los días del Festival de los Patios a visitar los patios decorados. Están

16

PRIMAVERA

abiertos durante doce días, pero es difícil verlos todos porque son muchos, ¡en los últimos años han participado hasta 50 patios de la ciudad! No solo los patios antiguos participan en el concurso; también los patios más nuevos y modernos. Para el Ayuntamiento es una manera de tener casas nuevas en la ciudad con la misma arquitectura* de siempre.

Para hacer la fiesta más interesante, durante esos días hacen muchos eventos en la ciudad: música, baile, espectáculos… ¡todo es una fiesta!

Los geranios

Esta preciosa planta es muy importante en los patios de Córdoba y en otras ciudades andaluzas. El geranio es una planta muy común en el Mediterráneo.

El patio de los naranjos

Este patio de Córdoba es famosísimo en todo el mundo; el patio de los naranjos es un espacio muy grande que está a la entrada de la Mezquita de la ciudad. Se llama así porque está lleno de árboles de naranjas, naranjos.

Curiosidad

En España llamamos "refranes" a pensamientos populares sobre el mundo y la vida. Aquí tenéis un refrán sobre el mes de mayo:

Marzo ventoso

y abril lluvioso

traen a mayo florido y hermoso.

arquitectura: arte de construir edificios
ayuntamiento: gobierno de una ciudad
concurso: competición
cuidar: dar cuidados a una cosa o persona para hacerla estar bien
decorar: adornar un lugar
fresco: que no hace calor
principio: las cosas que están en primer lugar
propio: que es suyo

EL ROCÍO

▶ 7 **Romería hacia El Rocío**

Una romería es un viaje hacia un lugar sagrado. El Rocío es una romería al santuario* donde está la Virgen del Rocío, en un pueblo muy pequeño de la provincia* de Huelva. Se celebra el fin de semana del Lunes de Pentecostés (cincuenta días después de Pascua). Los grupos de peregrinos* se llaman "hermandades" y salen de diferentes lugares para estar en El Rocío el sábado: Sevilla, Huelva, Cádiz… Pero la fiesta es hasta el lunes. Todo el camino hasta el santuario del Rocío se hace tradicionalmente a pie, a caballo, en carretas muy decoradas o en coches de caballos. Las personas visten trajes típicos flamencos. Durante todo el camino, las hermandades van muy alegres, cantando y tocando instrumentos musicales. Por la noche, hacen una hoguera*, comen, beben, hacen una pequeña fiesta y duermen bajo las estrellas. El sábado se encuentran todos los peregrinos en el Rocío y el domingo por la noche es un momento especial para los peregrinos porque sacan* la imagen* de la Virgen. Todo el mundo está muy contento y se hace una gran fiesta.

18

Los cuatro caminos

Hay cuatro caminos para llegar al Rocío:
- El camino de Sanlúcar: las personas que van al Rocío desde Cádiz hacen este camino.
- Camino de los Llanos: es el más antiguo y empieza en Almonte, a solo 17 km de El Rocío.
- Camino de Moguer: para las personas que van desde Huelva.
- Camino sevillano: para los peregrinos que van desde España y otros países.

El camino de Sanlúcar cruza el parque de Doñana, un espacio natural protegido*. Todos los años llegan al Rocío miles y miles de personas (casi un millón), esto es un problema para el parque de Doñana y para sus plantas y animales. La tradición dice que hay que ir a pie o a caballo, pero mucha gente va en coche.

PRIMAVERA

imagen: dibujo de algo o alguien
hoguera: fuego grande hecho con madera
peregrino: persona religiosa que va a visitar un santuario
proteger/protegido: cuidar de una persona o cosa
provincia: división del territorio
sacar: poner una cosa fuera de otra
santuario: lugar donde está la imagen de un santo

FERIA DE SAN ISIDRO

▶ 8 **Fiestas patronales**

Se celebran el 15 de mayo (y algunos días antes y después) para recordar* al patrón, el santo que cuida de la ciudad de Madrid, San Isidro Labrador.
Durante estas fiestas, toda la ciudad está llena de música y diversiones. Una cosa muy tradicional es ir a merendar* a la Pradera de San Isidro, en el barrio* de Carabanchel. Se hace un picnic, todo el mundo se sienta en la hierba y se comen las comidas y los dulces típicos de la fiesta, como los buñuelos y las rosquillas. Un cuadro de Goya pintado en 1778 ya enseña esta fiesta, *La pradera de San Isidro*.

Traje de chulapo y chulapa

Son los trajes típicos de los madrileños y madrileñas del siglo XIX. Los hombres visten pantalones negros, camisa blanca, chaleco de cuadros pequeños grises y un clavel encima. También llevan un pañuelo blanco en el cuello y una gorra.
Las mujeres llevan un bonito vestido, un mantón de manila y un pañuelo blanco en la cabeza, con unos claveles debajo.

El mantón de Manila

Es un cuadrado grande de un material muy fino, la seda, con dibujos de flores o pájaros en colores muy fuertes y bonitos. Fue muy famoso en Madrid desde el siglo XVIII y venía de la China.

PRIMAVERA

5 Cosas típicas para hacer en las fiestas de San Isidro en Madrid:

1. Vestirse de chulapo y chulapa.
2. Ir a la pradera de San Isidro a hacer un picnic.
3. Ir a las verbenas, las fiestas populares que se hacen por la noche y en la calle.
4. Bailar el baile típico de Madrid, el chotis.
5. Ver los espectáculos por las calles de Madrid; son muy tradicionales los espectáculos de gigantes y cabezudos que pasean por la ciudad.
6. Comer platos típicos de estas fiestas como el rabo de toro★ o la tortilla de patatas.
7. Ver un espectáculo de zarzuela★ en la Plaza Mayor de Madrid.
8. Ir a un espectáculo de fuegos artificiales★ en el Parque del Retiro.
9. Terminar el día con una rosquilla o un buñuelo dulce y un poco de limonada.
10. Acostarte con una sonrisa en la cara y pensar en la frase típica "De Madrid al cielo".

barrio: una de las zonas en que se divide una ciudad
fuegos artificiales:
merendar: comer a media tarde

rabo de toro:
recordar: pensar en una cosa o persona del pasado
zarzuela: es un tipo de ópera español; tiene algunas partes cantadas y otras habladas

EL CORPUS CHRISTI

▶ 9 Las alfombras de flores de la Orotava

La Orotava es un bonito pueblo de la isla de Tenerife; está entre el volcán Teide y el océano Atlántico, en medio de la rica naturaleza del valle de La Orotava y sus grandes plantaciones* de plátanos. En este pintoresco* lugar cada año se celebra la primavera con una fiesta que llena* las calles de colores y de flores: el Corpus Christi. Esta fiesta se celebra desde 1844, entonces una familia decidió hacer una alfombra de flores delante de su casa para celebrar el momento en que la procesión* pasaba por allí. Hoy en día es una fiesta de interés nacional.

Esta fiesta es tradicional de la Iglesia católica y está unida a la fiesta de la Pascua, por ese motivo todos los años se celebra en una fecha diferente, sesenta días después del domingo de Pascua. Además, la religión católica dice que el Corpus Christi tiene que ser siempre en jueves.

En La Orotava, desde muy pronto por la mañana, los vecinos llenan las calles con alfombras (también se pueden llamar tapices) de pétalos* de flores. Durante todo el día, los visitantes pueden admirar* estos bonitos dibujos de flores por muchas calles y van hacia la Plaza del Ayuntamiento. Por la tarde, la procesión del Corpus Christi pasa por encima de ellos y va hasta la plaza.

Otras celebraciones del Corpus

También se hacen alfombras de flores en muchos sitios de Cataluña, como en Sitges, Vilanova y la Geltrú o Barcelona. Además, en Barcelona se celebra una tradición muy antigua: "l'ou com balla", que en castellano sería "el huevo como baila". Se pone un huevo en el chorro* del agua de la fuente del patio de una iglesia o convento*; el más famoso es el de la catedral de Barcelona. La Patum de Berga, un pueblo de Cataluña, es una celebración del Corpus Christi declarada Patrimonio Inmaterial de la Humanidad de la UNESCO. Los habitantes de Berga celebran la Patum desde finales del siglo XIV y unos personajes bailan al ritmo de los tambores. Es muy importante en esta fiesta la figura de los diablos, que hacen una fascinante representación con el fuego. El fuego y la música son los elementos más típicos de la Patum.

PRIMAVERA

Curiosidad

El tapiz de la Plaza del Ayuntamiento de La Orotava es el más grande del mundo y está registrado en el Libro Guiness de los Récords. Este gran tapiz representa momentos de la Biblia y no se hace con flores, se hace con tierras de colores del Teide, el gran volcán de la isla de Tenerife.

admirar: mirar algo y gustarte mucho
convento: casa donde viven religiosos católicos
chorro: líquido que sale por un lugar
llenar: poner una cosa en otra hasta el máximo
pétalo: cada una de las hojas de colores de las flores
pintoresco: lugar o imagen bonita y diferente
plantación: grupo de plantas que ha puesto el hombre para coger sus frutos
procesión: muchas personas caminando juntas por motivos religiosos

SAN JUAN: LA FIESTA DEL VERANO

▶ 10 La fiesta de San Juan se celebra la noche del 23 al 24 de junio y su origen es muy antiguo. Seguramente está unido a la celebración del solsticio de verano en el la parte norte de la Tierra el día 21 de junio, esto es el momento en que empieza el verano. La noche de San Juan es la más corta del año. A partir de entonces, poco a poco, los días empiezan a ser menos largos. Es la primera fiesta del verano y la más importante, un poco como Nochevieja (la última noche del año) en invierno. El rito* principal de esta noche es encender una gran hoguera y quemar en ella todas las cosas viejas. Es una manera simbólica* de dar fuerza al sol. Todos los amigos, familiares, vecinos de una misma calle, etc., se reúnen y cenan juntos, bailan y tiran petardos* y fuegos artificiales.
Al final de la noche, cuando la hoguera está medio apagada, los más valientes la saltan.

San Xoan en Galicia, la noche de las brujas*

En Galicia, en el noroeste de la Península Ibérica, la noche de San Juan es mágica y embrujada*. Todo el mundo hace hogueras en las calles y en las playas. La tradición dice que hay que encender las hogueras a las 12 de la noche del día 24.

Curiosidad

Refrán en gallego: *En San Xoán meigas e bruxas fuxirán* (Para San Juan meigas y brujas huirán)

En Galicia se llama *meigas* a personas con poderes mágicos porque han hecho un pacto con el diablo.

En Galicia se cree que la noche de San Juan nuestro mundo y el mundo de los muertos se comunican. ¡Es el momento de decir adiós a los malos espíritus! Para esto hay que hacer unos ritos, el más popular es saltar el fuego de la hoguera 9 veces. También se hacen muchos ritos para curar enfermedades o encontrar el amor.

En la ciudad de A Coruña, la fiesta ha sido declarada de Interés Turístico Nacional y va gente de todo el país a celebrar esta mágica noche y divertirse.

3 ritos para hacer la noche de San Juan:

1. Saltar la hoguera 7 veces trae buena suerte; y saltarla de la mano de la persona amada hace el amor más fuerte.
2. Entrar al mar caminando hacia atrás la noche de San Juan y saltar 9 olas también da buena suerte.
3. Tirar a la hoguera un papel con un deseo escrito… ¡el deseo se hace realidad!

VERANO

brujas/embrujado: persona con poderes mágicos/fascinante
petardos:
rito: acto religioso
símbolo/simbólico: elemento que representa una cosa o una idea

LOS SANFERMINES

▶ 11 **La Fiesta de San Fermín se celebra en la ciudad de Pamplona el 7 de julio; todo el mundo la conoce como los Sanfermines.**

Cómo empezó la fiesta

Los Sanfermines son la fiesta que se hace en Pamplona para su patrón San Fermín. Su origen, es muy antiguo: en la Edad Media era una feria comercial. Al principio, en el siglo XIII se celebraba la feria al inicio del verano, después de San Juan; más tarde, en el siglo XIV, se hacía otra feria al final del verano. En el siglo XVII se unieron las dos fiestas en una muy grande que empezaba el día 7 del mes 7 y tenía 7 días de duración: así nacieron los Sanfermines.

El Chupinazo

Es un cohete* que da inicio a los Sanfermines, el 6 de julio a las 12 del mediodía. Se tira desde el Ayuntamiento de Pamplona y toda la gente se reúne* en la plaza para celebrar y cantar juntos. Es un momento muy importante y, posiblemente, ¡el cohete más famoso del mundo! La persona que tira el Chupinazo grita todos los años: "Pamploneses, Pamplonesas, ¡Viva san Fermín! Gora san Fermín!"

Curiosidad

Gora *San Fermín* quiere decir *Viva San Fermín* en euskera, el idioma del País Vasco.

Los encierros y las corridas

Son los actos más famosos y característicos de esta fiesta. El encierro se celebra cada día desde el 7 hasta el 14 de julio a las 8 de la mañana. Durante el encierro hay que llevar a los toros desde los corrales* hasta la plaza de toros*. El camino tiene 849 metros.
Actualmente, mucha gente corre delante de los toros hasta la plaza de toros. Es muy peligroso porque el toro puede coger a los corredores, pero es el evento más popular de los Sanfermines.

cohete: fuego artificial que tiene una explosión muy fuerte
reunirse: encontrarse mucha gente en un mismo lugar
corral: lugar interior donde duermen los animales
plaza de toros: lugar donde se hacen las corridas de todos, un espectáculo de lucha entre un toro y un hombre
fama: ser muy conocido

VERANO

Ernest Hemingway

En 1924 un joven escritor americano, Ernest Hemingway, fue a Pamplona y vio por primera vez los Sanfermines. El espectáculo gustó mucho a Hemingway, sobre todo los encierros y las corridas de toros, y volvió a visitar Pamplona muchas otras veces. Con la idea de los Sanfermines en la cabeza escribió su novela *Fiesta* en 1926; este libro dio la fama* internacional a Hemingway.
Desde este momento los Sanfermines fueron una fiesta internacional, conocida en todo el mundo, y todos los años muchas personas de todos los países del mundo visitan Pamplona.
En Pamplona hay una estatua dedicada a este famoso escritor americano.

EL CAMINO DE SANTIAGO

▶ 12 **Es una de las rutas más famosas de Europa; personas de todo el mundo lo han hecho andando, en bicicleta o a caballo para llegar hasta Santiago de Compostela.**

¿Por qué Santiago de Compostela?

La religión católica cree que en esta ciudad del norte de España, en la provincia de Galicia, está enterrado* Santiago el Mayor. Desde la Edad Media muchas personas hacían este camino para visitar esta ciudad. En aquella época había tres ciudades santas muy importantes: Roma, Jerusalén y Santiago de Compostela.

Peregrinos

Ser un peregrino significa andar por tierras, caminos y lugares que no son el tuyo. Caminar por todo el mundo para visitar un lugar por motivos espirituales*.

Todas las personas que hacen el camino de Santiago son peregrinos y pueden dormir y comer por muy poco dinero en los albergues para peregrinos que hay por todo el camino.

En el camino hay también iglesias donde el peregrino puede pedir su Credencial de peregrino, una hoja de papel que dice que esa persona está haciendo el camino. Los bares, albergues e iglesias del Camino pueden poner unas cuantas veces al día su sello*. Con los sellos de su Credencial el caminante puede demostrar que es un peregrino y dormir en camino.

28

La Compostela

Cuando los peregrinos terminan el camino y llegan a Santiago les dan un certificado que se llama La Compostela, que prueba que esa persona ha hecho el Camino de Santiago.
Pero, ¿cuántos kilómetros hay que hacer para tener La Compostela? Los últimos 100 km si vas caminando y los últimos 200 si vas en bicicleta o a caballo.

VERANO

¿Dónde empieza el Camino de Santiago?

¡En todas partes! Se puede empezar el Camino de Santiago desde muchos lugares de Europa. En el pasado, los peregrinos llegaban caminando desde lugares muy lejanos.
El camino más famoso es el que empieza en Francia, pero también se puede empezar en Gran Bretaña, Alemania, Austria, Países Bajos, Portugal…

La vieira como símbolo

La vieira es un animal del mar típico de la costa de Galicia; es el símbolo del Camino y de sus peregrinos.
En el pasado, muchos peregrinos regresaban a sus países con una vieira. Gracias a ella, todo el mundo sabía que eran peregrinos. Normalmente la ponían en su ropa o en su sombrero.
Actualmente los peregrinos también llevan la vieira, muchos la ponen en sus mochilas*.

enterrar: poner a las personas muertas debajo de la tierra
espiritual: cosas no materiales, del espíritu
sello: marca que se pone en algunos documentos para darles valor
mochila:

DIABLOS* Y BESTIAS DE FUEGO

▶ 14 En verano, es muy normal ver *balls de diables* (bailes de diablos) y *correfocs* en las fiestas de los pueblos de Cataluña, Valencia y Baleares. El fuego es simbólico en todas las culturas, y en la religión católica está unido al demonio. En la cultura mediterránea este personaje es sobre todo bromista* y muy travieso*. Por este personaje se hacen actualmente los bailes de diablos y los *correfocs*. Estas representaciones siempre tienen música, sobre todo de tambores

Origen

Su origen es muy antiguo y ya se hacían espectáculos de este tipo durante la Edad Media. Normalmente se hacían en representaciones de luchas del bien contra el mal, de ángeles contra demonios.

Al principio siempre se hacían en celebraciones religiosas. Pero a partir del siglo XIX los bailes de diablos se hacen en fiestas de los pueblos y carnavales, no solo en fiestas religiosos. En estos actos no religiosos, los diablos se reían de algunas situaciones sociales y de personajes públicos.

Ya en el siglo XX, durante la guerra civil española y el franquismo (dictadura española desde 1939 hasta 1975) esta tradición de los diablos desapareció. Y en los años 80 vuelve otra vez para recuperar* las tradiciones de la cultura catalana (prohibidas durante el franquismo). En los últimos años los bailes de diablos se hacen en forma de *correfocs*: los diablos corren detrás de gente con fuego.

Los *Dimonis* de las Islas Baleares

En Mallorca también hay una gran tradición de diablos, demonios y *correfocs*. Su característica principal es que llevan unas máscaras* muy llamativas*, que representan diferentes tipos de demonios. Además de los personajes de los diablos, en las Islas Baleares hay representaciones de las *Bèsties de Foc* (Animales de fuego). Cada grupo de diablos, *colla*, tiene un animal con un simbolismo: un cuervo, un dragón, una cabra… todos tienen formas fantásticas y muy poco reales.

Baile de Diablos de Sitges

Es un grupos de diablos muy antiguo, hay escritos del año 1853 que hablan de esta *colla*. Es uno de los pocos bailes de diablos con representación hablada porque, normalmente los personajes solo bailan.

bromista: que hace bromas, dice cosas para hacer reír
diablo/demonio: personaje que representa el mal
llamativo: algo de muchos colores, que llama la atención y hace que la gente lo mire
máscara: figura que se pone delante de la cara y que representa la cara de otra persona o de un animal real o imaginario
recuperar: tener otra vez una cosa
travieso: inquieto, le gusta hacer bromas

VERANO

LA TOMATINA

▶ 15 **La Tomatina de Buñol**

Buñol es un pueblo de la provincia de Valencia; no es muy grande, viven allí menos de 10 000 personas, pero una vez al año sus calles están llenísimas de gente: es en agosto y se celebra la famosa Tomatina de Buñol.

Cada año hay en Buñol una divertida lucha, ¿sabes qué arma se usa? muy fácil: ¡tomates! Las personas que participan en esta guerra de tomates se tiran estos frutos rojos muy maduros★ durante una hora. ¿Cómo termina la ropa de los participantes y las calles del pueblo? ¡Roja, igual que el tomate, claro!

Esta celebración empezó el último miércoles de agosto de 1945 durante las fiestas populares del pueblo. Unos muchachos quisieron entrar en el desfile★ de los músicos y los gigantes; chocaron con una de las personas del desfile que cayó al suelo. Este se enfadó mucho, cogió unos tomates de una tienda y empezó a tirarlos a los muchachos. En los años siguientes los muchachos hicieron otra vez la escena y cogieron los tomates de su casa, ¡así nació la fiesta! Durante unos años las autoridades★ prohibieron hacer la Tomatina, pero el pueblo ganó y ahora es una fiesta famosa en toda España.

Actualmente día la Tomatina se celebra el último miércoles de agosto desde las 11 de la mañana hasta las 12 del mediodía y va gente de toda España y del extranjero★ para participar en esta divertida fiesta.

Desde los años 90 esta fiesta se ha vuelto muy famosa en todo el mundo. En el año 2002 la declararon Fiesta de Interés Turístico Internacional.

VERANO

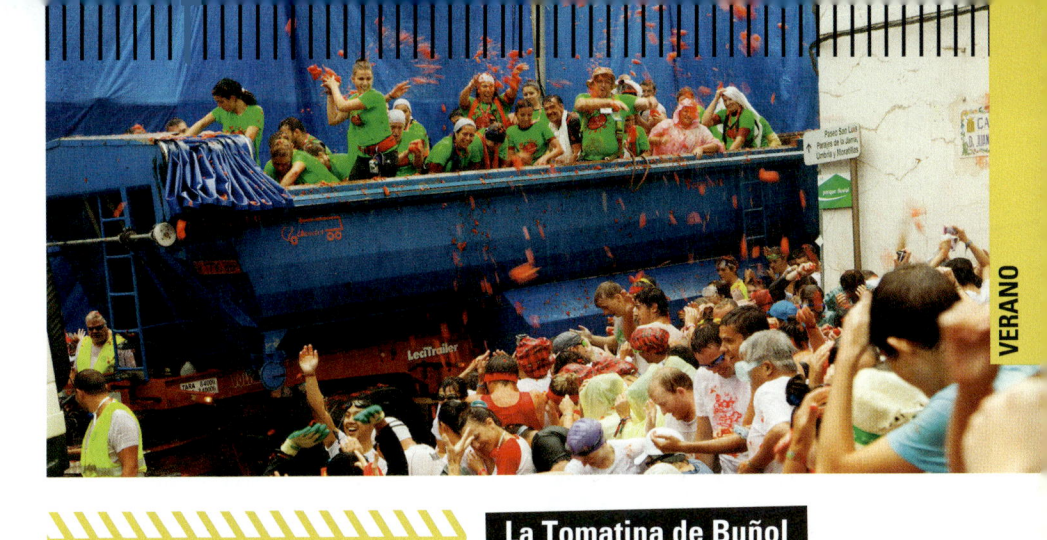

Curiosidad

Cada año van a Buñol unas 40 000 personas para participar en la guerra de tomates y se tiran unas 150 toneladas de tomates. Hay seis camiones que pasan por las calles de la fiesta y dan tomates a todo el mundo.

La Tomatina de Buñol no es la primera

En una bonita ciudad de la provincia de Zaragoza, Tarazona, se celebra una guerra de tomates desde hace muchísimos años. Esta guerra, la Tomatada, se hace durante la fiesta del Cipotegato. Este personaje vestido de muchos colores y con la cara cubierta tiene que hacer un recorrido* mientras la gente del pueblo le tira tomates. Su origen es muy antiguo, se cree que medieval. Se dice que un chico de Tarazona viajó a Buñol para las fiestas y les enseñó esta divertida lucha.

autoridad: las personas que tienen el poder sobre una ciudad o pueblo
desfile: grupo de personas que caminan una tras otra por alguna fiesta o celebración
extranjero: fuera del país, otros países
maduro: un fruto cuando está en el momento ideal para comerlo
recorrido: espacio que va de un punto A a un punto B

▶ 16 **El primer sábado después del 2 de agosto se celebra el Descenso internacional del Sella. Es una competición* de piraguas*; los participantes tienen que bajar 20 km del Sella en piragua.**

EL DESCENSO DEL SELLA

Para empezar, ¿qué es el Sella?

Es un río de la costa norte de España, pasa por las comunidades de Asturias y León. No es muy largo, 66 km: nace en las montañas de los Picos de Europa y termina su viaje en el mar Cantábrico.

La competición y la fiesta

Ahora ya sabemos que el Sella es un río y que el descenso del Sella es una prueba deportiva, pero, ¿es esto muy importante? La respuesta es ¡sí! El descenso del Sella no es solo un acto deportivo, es una gran fiesta de tres días que se celebra desde 1930 y es una Fiesta de Interés Turístico Internacional.

Al principio era una excursión* por el río de 3 amigos, pero poco a poco ha tenido más importancia y… ¡ahora es la competición de piragüismo más importante del mundo!

En esos días llegan a Arriondas (salida de la competición) y a Ribadesella (llegada) personas de todas partes de España y del extranjero para ver y vivir la fiesta.

El público sigue la carrera* desde el Tren Fluvial, un divertido tren muy decorado. La gente puede bajar en diferentes puntos del recorrido para ver mejor la competición. Otras personas van en sus vehículos decorados, también hay música y grupos folclóricos. Todos salen en un desfile y se mueven al lado del río.

Al final de la carrera, se hace una gran comida popular con "fabes" y "arroz con leche", que son platos típicos asturianos, y se dan los premios a los ganadores.

VERANO

Curiosidad

El Descenso del Sella y la Fiesta de las piraguas tienen un creador: Dionisio de la Huerta. Este joven era muy inteligente, deportista y soñador. Disfrutaba con el piragüismo por el Sella y le parecía un lugar precioso para estar con amigos. Su sueño era celebrar una gran competición deportiva allí y una gran fiesta para unir a amigos de todo el mundo. ¡Y lo consiguió!

¿Sabías que?

En esta divertida carrera participan más de 1000 piraguas cada año.

carrera: competición de velocidad, para ver quién es más rápido
competición: en deportes, evento en el que algunas personas prueban quién es mejor en ese deporte
excursión: ir a algún lugar para visitarlo
piragua: barquito largo y estrecho

EL FESTIVAL PIRINEOS SUR

▶ 17 **Los Pirineos son unas montañas que están en el norte de la Península Ibérica. Separan de manera natural España y Francia, y van por 415 km desde el mar Mediterráneo hasta el mar Cantábrico.**

Música en el Pirineo

En invierno y en verano, estas montañas son las mejores para vivir la vida en la naturaleza y las actividades al aire libre*: esquiar, caminar entre montañas y bosques, escalar... Pero en el mes de julio, durante unos días, los Pirineos son el lugar perfecto para escuchar las músicas de todo el mundo: el festival Pirineo Sur.

La mejor actividad durante estos días es escuchar la música entre montañas y naturaleza.

Pirineos Sur

En 1992, hace 22 años, empieza el festival de músicas del mundo Pirineo Sur. El festival nace como festival de músicas populares, un festival internacional abierto a todas las músicas y culturas del mundo. Las personas que preparan el festival dan más importancia a lugares del mundo con culturas menos conocidas para acercarlas a nuestro mundo occidental.

Cada año el festival habla de una cultura: en los últimos años el festival ha celebrado las culturas del Mediterráneo, el Caribe, la música africana...

En Pirineos Sur se escuchan músicas tradicionales, electrónica, pop, hip pop, reggae, salsa, flamenco... ¡toda la música es buena! Este festival es muy importante para enseñar la realidad musical del planeta y pasarlo bien.

Y Pirineo Sur no es solo música y naturaleza, ¡hay mucho más! Tiene un programa de actividades de día muy interesantes: cuentacuentos, circo, talleres*, mercados del mundo, música por las calles, exposiciones... y el mejor espíritu de Pirineo Sur.

Curiosidad
La palabra Pirineos viene de una historia de la antigua Grecia. Pirene era la hija de Atlas; la leyenda dice que Hércules la conoció en uno de sus viajes. Un día murió y él hizo una tumba* con muchas piedras juntas y así nacieron los Pirineos.

¿Sabías que?
El objetivo del Festival Pirineos sur es unir culturas y tener pueblos más solidarios.

Sallent de Gállego
El festival se celebra en Sallent de Gállego, en la provincia de Huesca, en Aragón. Es un pueblo muy pequeño y está muy cerca de Francia y de las montañas más altas de los Pirineos: ¡el paisaje es espectacular! Los músicos invitados tocan su música desde un escenario sobre el agua del embalse* de Lanuza. Alrededor del estanque hay un espacio para las tiendas de acampada* de todas las personas que van al festival.

tienda de acampada:
al aire libre: en un espacio abierto, bajo el cielo
embalse: lago artificial
taller: lugar donde una persona enseña alguna actividad manual
tumba: lugar donde está enterrada una persona

VERANO

Feria del teatro de Tárrega

▶ 18 Tárrega es una pequeña ciudad catalana de la provincia de Lleida. Una vez al año, en el mes de setiembre, llegan artistas de todo el mundo para presentar sus espectáculos.

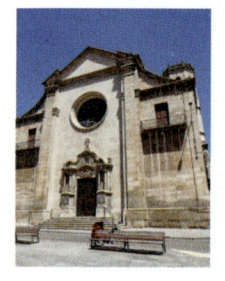

Todos los años. el segundo fin de semana del mes de setiembre, se celebra la Feria del teatro de calle: artistas de todo el mundo presentan sus espectáculos de teatro, circo, malabares*...

La feria se celebra desde 1981, y está abierta a la participación de todo el mundo.

El escenario* de esta gran fiesta de 3 días es la propia arquitectura medieval de la ciudad. Los espectáculos se representan en las diferentes plazas y calles, allí la gente que camina puede ver una actuación de pie* o sentada en el suelo, ¡toda la ciudad es un gran teatro!

38

A algunas compañías teatrales muy famosas del país les gustó mucho la idea y trabajaron mucho para crear el festival y tuvo tanto éxito que en los últimos años muchas ciudades españolas empezaron a hacer festivales así. Todos los años la Feria es de jueves por la tarde a domingo y tiene un gran programa de actividades. Hay espectáculos en lugares cerrados, normalmente hay que pagar para verlos, pero también hay un buen número de espectáculos gratuitos* al aire libre.

Muchas personas llegan cada año a Tárrega para estar allí los 3 días y ver todo el festival. Por este motivo hay una zona de acampada que cuesta muy poco dinero.

Y esto no es todo: también hay talleres para aprender a hacer circo y teatro, lugares para comprar comida y bebida, y un mercado con ropa, diferentes objetos de circo, etc.

La Feria del teatro de Tárrega es una fiesta cultural abierta a todos los públicos, muy divertida para dar un paseo por la tarde con la familia, o para vivir la noche llena de espectáculos con los amigos. ¡Vive el teatro en Tárrega!

¿Sabías que?

Para los artistas la Feria del teatro es un lugar de trabajo. En el espacio La Llotja los trabajadores del mundo del espectáculo se ven para conocerse, enseñar sus obras, buscar nuevos lugares para hacer sus actuaciones, etc.

de pie: lo contrario de estar sentado
escenario: lugar en el que se hace un espectáculo
gratuito: que no cuesta dinero
malabares:

VERANO

FESTIVAL INTERNACIONAL DE CINE FANTÁSTICO DE CATALUÑA

▶ 19 **Cada año Sitges, cerca de Barcelona, es el lugar perfecto para ver las mejores películas de ciencia ficción y de terror: se celebra el Festival Internacional de Cine.**

Fantástico

¿Te gusta ver películas de miedo y comer palomitas* en el cine? ¡Este festival es para ti!

Desde 1968, a principios de octubre el bonito pueblecito de Sitges cambia con las películas más nuevas de horror y fantasía. ¿Te gustan los efectos especiales*? ¿Y el maquillaje y la ropa más extraña? Está claro: tienes que ir a este festival.

En Sitges se pueden ver las mejores películas fantásticas y de terror internacionales, los estrenos* más esperados y las caras más famosas del mundo del cine. Los mejores cineastas* de todo el mundo van allí a enseñar sus últimos trabajos. Es fácil ver a personajes como Quentin Tarantino, Anthony Hopkins, Jodie Foster, Guillermo del Toro...

Hay proyecciones de cine durante todo el día ¡y casi toda la noche!, también hay eventos y talleres relacionados con el cine, ¡esta puede ser tu ocasión para maquillarte* como un zombi! La organización prepara siempre muchas actividades para divertir a todas las personas visitantes.

Un entorno perfecto

Sitges es también un pueblo muy bonito para ir a la playa, caminar por el paseo marítimo y ver algunos museos muy interesantes. Siempre ha sido un importante lugar de cultura para artistas y personas que aman el arte y la música.

Pero Sitges no es solo famosa por su ambiente mediterráneo y su festival de cine; hay otra fiesta muy famosa que se celebra allí: el carnaval.

El carnaval dura una semana de fiesta y bailes. Todos los vecinos de la ciudad participan en la decoración de las calles y plazas. Y muchos visitantes llegan desde todas partes, también hay trenes y autobuses especiales.

OTOÑO

Curiosidad
Es el primer Festival de cine fantástico del mundo

cineasta: persona que trabaja en el mundo del cine
efectos especiales: trucos del cine
estreno: primera vez que se pone una película en el cine
maquillar: pintar la cara
palomitas:

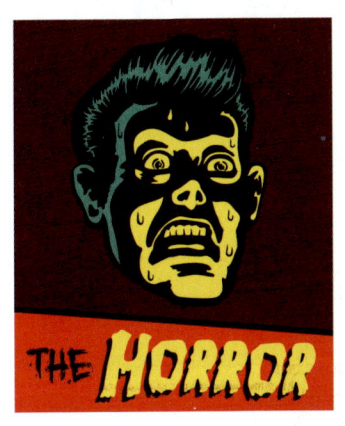

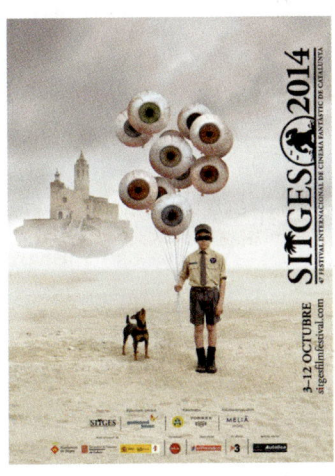

41

▶ 20 Todos los años se celebra en La Rioja Alavesa la fiesta de la vendimia. Durante este día se hace el primer mosto de la uva cogida.

FIESTA DE LA VENDIMIA

El origen de la fiesta

Las fiestas de la vendimia, en todos los lugares del mundo, nacen para celebrar el final de la cosecha★. Después de todo el trabajo de recoger la uva, llegan la alegría y la celebración. Hay muchas fiestas diferentes: en España, en América y en todos los países donde se produce vino. En España, la época tradicional de estas fiestas es setiembre, pero puede cambiar: a veces llueve, hace mucho calor o mucho frío y se hace la cosecha en otro momento, antes o después.

La Rioja Alavesa es una comarca muy importante en España en la producción★ de vino y allí se celebra una gran fiesta de la vendimia.

Una fiesta itinerante

La fiesta de la vendimia de la Rioja Alavesa es itinerante, cambia de lugar cada año. Esta comarca está formada por 23 pueblos unidos tradicionalmente a la cultura de la uva y del vino. Son lugares maravillosos entre el campo y la colina que conservan el encanto de los pueblos medievales construidos entre viñedos★. Todos los años, uno de estos pueblos se convierte en el anfitrión de esta tradicional fiesta.

OTOÑO

El pisado

La fiesta empieza con el tradicional "pisado de la uva". Hay que pisar, poner los pies encima de la uva y caminar para triturarla*. El pisado de la uva quiere recordar y recuperar la manera más antigua de hacer el vino. Esta tradición desapareció hace más de 20 años con las maneras más modernas de hacer vino. Pero muchas familias usan hoy esta manera artesanal de hacer el vino.
Del pisado se obtiene el líquido de la uva, que se llama mosto. De este mosto se hace después el vino.

Actividades de la fiesta

Además de los lugares para beber vino, la fiesta tiene muchas cosas que hacer para toda la familia. Durante todo el día hay juegos y actividades para niños, música y pasacalles, y eventos sobre la vendimia. También se hacen danzas y deportes tradicionales.

cosecha: conjunto de frutos que se recogen de la tierra cuando están maduros
producir/producción: hacer, el conjunto de aquello que has hecho
triturar: hacer trozos pequeños de una cosa
viñedo: terreno plantado con vides, plantas de uva

Los Aizkolaris

Un aizkolari practica un deporte tradicional de la cultura vasca. Hay que cortar troncos de árboles con un hacha. Es uno de los deportes vascos más populares.

▶ 21 Son las fiestas de la ciudad de Zaragoza, se celebran para su patrona, la Virgen del Pilar. El día del Pilar es el 12 de octubre, y las fiestas se hacen durante diez días antes y después de ese día. Son unas fiestas con muchas actividades. Desde el año 1980 son Fiestas de Interés Nacional.

FIESTAS DEL PILAR

¿Quieres saber cinco curiosidades sobre estas fiestas?

1 Estas fiestas son muy antiguas; existen desde el año 1603, pero antes se celebraban en el mes de agosto. Se cambió a octubre porque en agosto la gente tenía que trabajar en el campo, pero en octubre podían celebrar también el fin de la cosecha. Otra cosa que celebraban era el descubrimiento de América, porque Cristóbal Colón y sus hombres llegaron allí el 12 de octubre de 1492.

2 Dicen que la Virgen del Pilar hizo un milagro, una acción maravillosa: un joven perdió la pierna en un accidente, era cojo. Él quería mucho a la Virgen y siempre le rezaba* y le pedía ayuda. Una mañana se despertó y tenía las dos piernas, ¡la Virgen le dio otra vez la pierna!

OTOÑO

3 Cada año un acto importantísimo es la Ofrenda de flores a la Virgen. Miles de personas van a ver a la Virgen a la plaza de la Basílica* del Pilar y le ofrecen flores. Todas las flores se ponen a los pies de la Virgen y hacen un manto*. La ofrenda dura doce horas y se usan más de ocho toneladas de flores.

4 Gigantes y cabezudos. Es una tradición muy antigua que se hacía en las Fiestas del Pilar hace siglos. En la Edad Media cuatro gigantes representaban las cuatro partes del mundo conocidas y salían en los desfiles religiosos. Los cabezudos (cuerpos pequeños y cabezas muy grandes) representan las malas acciones, los pecados, y llegaron a las Fiestas más tarde. Todos desfilan juntos y son la diversión de niños y mayores.

5 El "Tragachicos" es uno de los momentos de las Fiestas del Pilar preferido por los niños. Es una figura muy grande que representa a un *baturro*, el traje típico de Aragón. Los niños entran por su boca a través de unas escaleras y salen por un tobogán* en la parte de atrás de este personaje.

basílica: iglesia antigua, grande e importante
manto: ropa que llevan alguna mujeres y que se pone de la cabeza a los pies.
rezar: decir oraciones a Dios,
tobogán:

TODOS LOS SANTOS

▶ 22 El 1 de noviembre es la fiesta de Todos los Santos; es una fiesta católica, pero se celebra en toda España para recordar a los muertos de las familias, las personas que ya no están con nosotros y la llegada del otoño. Se celebra en muchos sitios pero, vamos a ver la de Cádiz, ¡la alegre fiesta de Tosantos!

La fiesta del otoño

En Cádiz es muy normal hacer todas las palabras más cortas, y también lo hacen con el nombre Todos los Santos, que allí se dice Tosantos. Las personas de Cádiz, los gaditanos, son famosos por ser muy alegres y divertidos. Para ellos todo puede ser una fiesta, ¡también la fiesta de los muertos! En Cádiz, el inicio de noviembre es también el final del verano y el inicio del otoño porque allí hace calor hasta finales de octubre. Esta fiesta empieza el 31 de octubre con la presentación de todos los frutos de la estación*: avellanas, nueces, higos secos, dátiles, naranjas, boniatos, chirimoyas, aceitunas, aguacates... en fin ¡la lista no termina nunca!

Los mercados se visten de colores

Los días antes de Todos los Santos, Cádiz celebra la Fiesta de los Mercados. La característica más importante de esta fiesta es que los vendedores decoran los puestos* del mercado con muchos colores. Los gaditanos tienen mucho sentido del humor* y las decoraciones representan de manera divertida los últimos hechos políticos y sociales*. ¡Es casi un pequeño carnaval!

Además, el Ayuntamiento de la ciudad hace un concurso entre los puestos del mercado más divertidos y mejor preparados. Y, para no perder nunca la alegría, durante todo el concurso hay bailes, músicas, actuaciones flamencas, fiestas infantiles, etc.

OTOÑO

Halloween... ¡no nos hace falta!

Los gaditanos siempre dicen que la fiesta de Halloween está muy bien... ¡para los británicos y los americanos! Desde hace unos años hay una guerra que no se ve entre la fiesta local de Tosantos y la popular fiesta de Halloween. La verdad es que en España cada vez hay más gente que la celebra gracias al cine, la televisión y la publicidad. Pero a los gaditanos les gusta mucho su tradicional fiesta.

estación (del año): una de las cuatro partes en que dividimos el año (primavera, verano, otoño, invierno).
hechos políticos y sociales: cosas que pasan en la vida de un país y de la gente que vive en él y tiene el poder.
puesto del mercado: tiendas que hay en un mercado, también cuando es al aire libre.
sentido del humor: ver el lado bueno y alegre de las cosas

FIESTA DEL SAMHAIN

▶ 23 **El Samhain es una fiesta de origen celta. Era una fiesta muy importante de la cultura celta y más tarde ha sido una de las fiestas más famosas de la cultura anglosajona: Halloween.**

La noche de difuntos*

En Galicia, la noche de difuntos se celebra de una manera un poco diferente al resto de España. Algunas tradiciones son las mismas, por ejemplo ir a los cementerios* a visitar a los familiares que han muerto o a la iglesia. Pero en Galicia hay mucho más. Galicia tiene un pasado celta con muchas leyendas y tradiciones, un ejemplo el Samhain.

¿Celta?

Los celtas eran un pueblo que vivía en las islas Británicas, la zona francesa de la Galia, en algunos lugares de España, Portugal, Italia, Alemania y otros sitios de Europa.

El Samhain

La noche del 31 de octubre al 1 de noviembre se celebraba el final de la cosecha y para los celtas era el inicio del año. En gaélico, la lengua de origen celta, "samhain" significa "final del verano". En este momento del año los antiguos pueblos celtas cogían comida para el invierno. Pero no solo eso: para ellos,

48

durante la noche del Samhain los espíritus de los muertos volvían a la tierra para visitar a los vivos. Y encendían unas hogueras muy grandes para tener lejos a los malos espíritus. También ponían fuera de las casas comida y dulces y luces; con estas luces los muertos encontraban el camino hacia la luz y la paz con el dios Sol.

Las calabazas y las luces en las ventanas

Los pueblos ponían luces en nabos* y calabazas para dar luz al camino hacia el mundo de los vivos a sus familiares difuntos más queridos. De esta manera les daban la bienvenida y se protegían de los malos espíritus. Otra teoría dice que en la noche de difuntos los espíritus salen a pasear. Al final de la noche, muchos buscan una casa diferente para pasar el año. Para decir a los espíritus que tu casa ya está ocupada hay que poner en la ventana farolillos* y luces.

Flores al mar

Galicia es una tierra de pescadores* y todos los años muere mucha gente en el mar; otra bonita tradición es tirar flores al mar.

Ritos del Samhain en Galicia

En Galicia, después de los celtas llegaron los romanos, los germánicos… empezó el cristianismo y se terminó la religión de los celtas, pero muchos ritos y tradiciones, como el Samhain, viven entre el pueblo.

¿Sabías que?

Los gatos son los mensajeros de la diosa celta de la luna, Ariadna, y son muy buenos compañeros en esta noche.

cementerio: lugar donde se ponen los muertos
difunto: muerto, persona que ya no está viva
farolillo:
nabo:
pescador: persona que saca peces del mar o del río para comerlos o venderlos

OTOÑO

SABORES OTOÑALES

▶ 24 En España, la fiesta de Todos los Santos y el mes de Noviembre están caracterizados por algunos dulces muy buenos, ¿aprendemos a cocinarlos?

Los huesos* de santo

Son unos deliciosos dulces originarios de Castilla. Tienen forma de cilindro*, porque quieren representar la forma del hueso un difunto. Están hechos de mazapán, un dulce hecho con almendras que se come durante la Navidad. También tienen un relleno, la parte de dentro, que se hace de diferentes maneras: hace muchos años se hacía de yema de huevo (la parte naranja), actualmente también son de chocolate o de frutas.

Los buñuelos rellenos

Son otra manera de preparar los "buñuelos de viento", que no llevan relleno. La pasta del buñuelo se hace con harina y azúcar y se cocina en aceite muy caliente; los rellenos más típicos son de crema, cabello de ángel*, chocolate y nata.
Son unos dulces muy antiguos ¡se sabe que estos dulces ya se hacían en el siglo XVII!

Los panellets

Son dulces típicos de Cataluña y se comen también cuando llega la fiesta de Todos los Santos. También están hechos de mazapán, huevo, frutos secos y boniatos, una especie de patatas típicas del otoño. Los más tradicionales son los que llevan piñones*, ¡pero también tienen mucho éxito los de coco*!
Cuando llega noviembre, todas las pastelerías se llenan de panellets…¡pero es más tradicional y divertido prepararlos en casa!

OTOÑO

Ingredientes para 4 personas:

- 500 gramos de almendras picadas
- 500 gramos azúcar
- 200 gramos de boniatos
- 6 huevos
- 250 gramos de piñones
- Piel rallada de 1 limón

Recetas

Es divertido preparar estos dulces en casa con la familia y los amigos. ¿Preparamos juntos unos panellets?

Instrucciones

1. Hervir los boniatos y aplastarlos con un tenedor
2. Mezclar con el azúcar las almendras y la ralladura de limón
3. Hacer bolitas con esta masa
4. Rebozarlos con huevo y después con piñones o con almendras
5. Ponerlos en el horno a 250 grados durante 10 minutos

¡A comer!

cabello de ángel: dulce parecido a la mermelada, preparado con calabaza y azúcar
cilindro: figura geométrica alargada y circular
coco:
hueso: forman el esqueleto
piñones: semilla del pino que se puede comer

51

25 Esta fiesta se celebra en muchos lugares del norte de España como Galicia, Cantabria, Asturias y algunas provincias de León.

MAGOSTO

¿Cuáles son las características de esta fiesta?

1 Se celebra a finales de octubre o principios de noviembre.
2 Tiene dos protagonistas*: la castaña y el fuego. ¡Es la fiesta de la castaña!
3 Es una fiesta de origen celta y celebra el final del verano y de la cosecha.
4 Está muy unida a la fiesta de Todos los Santos y de los muertos.

La importancia de la castaña

Los primeros hombres que vivieron en la Tierra comían muchas castañas porque las podían coger y comer directamente de los árboles. Los romanos cultivaron* mucho este fruto que comían de maneras muy diferentes. Pero con el descubrimiento de América llegaron el maíz* y la patata y la gente ya no comía tantas castañas. Esta fiesta le da a la castaña la importancia que tenía hacía muchos años; entonces se celebraba después de la cosecha de este fruto.

La fiesta

Lo más tradicional es hacer una hoguera y asar allí las castañas. La gente también hace juegos tradicionales, salta la hoguera y se pinta la cara de negro con la ceniza de la hoguera.

Frutos de temporada

En Magosto no solo se comen castañas, durante estas fiestas la gente come otros productos típicos de este periodo como el membrillo, los boniatos, los higos, las nueces, las granadas o la calabaza.

OTOÑO

Magosto en España

Esta fiesta cambia de nombre en diferentes sitios del norte de España, pero la tradición es siempre la misma:

Amagüestu: es el nombre que tiene la fiesta en Asturias. Allí las castañas se toman con sidra dulce, una bebida típica asturiana. La noche del 31 de octubre se hace el amagüestu de difuntos. Al terminar, tiran al suelo las castañas sin comer y dicen "¡Esto ye pa que xinten los difuntos!", que en asturiano quiere decir "¡Estas son para los difuntos!".

Magosta: en Cantabria se celebra en muchos pueblos y también se cantan canciones montañescas (de montaña) y se toca el tambor y el pitu, una flauta típica cántabra.

Gaztainerre: es la celebración del País Vasco. Allí también comen caracoles* y moroki, que es una comida hecha con harina* de maíz.

Castanyada: es su nombre en Cataluña. También beben vino dulce (moscatel) y comen panellets.

caracol:
cultivar: cuidar la tierra para tener sus frutos
harina: polvo que se tiene al triturar trigo, maíz y otras semillas.

maíz:
protagonista: personaje más importante de una historia

53

Eid al-Adha en Ceuta

▶ 26 Ceuta es una de las dos ciudades españolas que están en el norte de África y no en la Península Ibérica. Están situadas en el lado africano del Estrecho de Gibraltar. A su lado está Marruecos y en Ceuta viven muchas personas de religión musulmana.

Los musulmanes tienen sus fiestas tradicionales y el Eid al-Adha es muy importante. A esta fiesta también la conocen como "la fiesta del sacrificio★". La celebración se hace cada año en una fecha diferente porque cambia con las fases de la luna★, pero siempre es entre setiembre y noviembre.

Una fiesta musulmana en España

Desde la Reconquista, es la primera vez que una fiesta musulmana es oficial en España. Actualmente España es un país no religioso oficialmente, pero la mayoría de la población es católica y hay muchas fiestas oficiales católicas.

Eid al-Adha también es fiesta oficial en la ciudad de Melilla, la otra ciudad en el norte de África, porque en las dos ciudades el 50 % de la población es de religión musulmana.

Origen de la fiesta

Durante esta fiesta se celebra una historia escrita en el Corán (libro sagrado de los musulmanes) y también en la Biblia (libro sagrado de los cristianos). Es la historia de Abraham/Ibrahim: Dios/Alá le pidió una prueba de su amor por él, matar a su hijo Ismael. Abraham/Ibrahim estaba muy triste pero dijo que sí. En el momento de matar a su hijo Dios/Ala le detuvo y le dio un cordero. Había visto el amor de Abraham/Ibrahim y no tenía que matar al chico.

La fiesta

Para recordar esta historia, las familias sacrifican un cordero y hacen una gran comida familiar.

Es también un momento especial para hacer caridad, ayudar a las personas que no tienen mucho dinero. Muchos musulmanes dan corderos a las familias que no pueden comprar uno para celebrar Eid al-Adha como Alá quiere.

sacrificio: matar un animal para comerlo
fases de la luna:

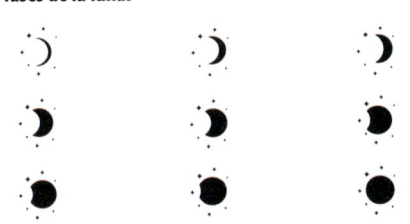

OTOÑO

FERIA DE SANTO TOMÁS

▶ 26

La historia de un mercado

El 21 de enero San Sebastián, Donosti en euskera, ¡es un gran mercado al aire libre!
En el siglo XIX muchas personas trabajaban los campos de otras personas fuera de San Sebastián. El 21 de diciembre, iban a la ciudad a pagar el alquiler* de los campos que trabajaban.
En la ciudad compraban muchas cosas que no tenían en los pueblos y también vendían sus productos del campo. Así nació este gran mercado el día de Santo Tomás.

Y poco a poco del mercado se hizo una fiesta…

Hoy en día hay muchos eventos típicos ese día. Hombres y mujeres visten ropas tradicionales, los comerciantes venden sus productos y hay muchas exhibiciones, por ejemplo, de deportes tradicionales vascos (como levantar piedras o cortar troncos) o de bailes tradicionales como el *aurresku*.
Además, al final del día hay un sorteo*: ¡una gran cerda viva!

La txistorra

Es una comida muy típica del País Vasco: una salchicha de carne con pimentón*. El día de la Feria de Santo Tomás hay muchos puestos de bocadillos* de txistorra. Este día, se come la txistorra con el talo, que es como el pan, pero hecho con harina de maíz.

Santomás en Mondragón

En esta ciudad la Feria de Santomás empieza el día 22 de diciembre para no ser el mismo día que la de San Sebastián. En Mondragón celebran esta feria desde el siglo XIV, es más antigua que la de San Sebastián. Todos los festejos son iguales que en San Sebastián: hay un sorteo de un cerdo, hay música, bailes, deportes y, sobre todo, muchos y deliciosos productos vascos. ¡Y un olor a txistorra que da hambre!

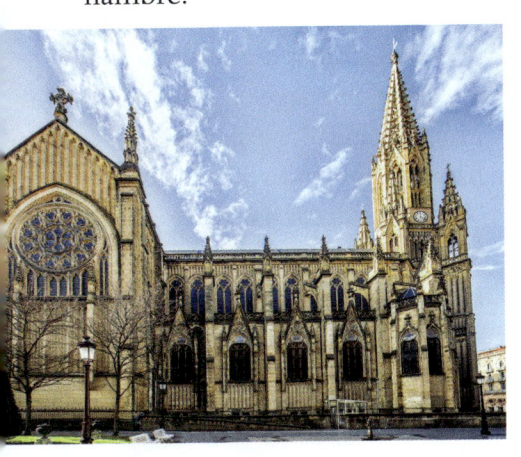

Los días 23 y 24 continúa la fiesta con conciertos y eventos. Los niños esperan con alegría la visita de Txoronpio y Txoronpia, son los mensajeros de Olentzero, el personaje que lleva regalos a los niños de Euskadi el día de Navidad. El día 24 todos los niños pueden escribir sus cartas y darlas a Txoronpio y Txoronpia. Ellos las entregan a Olentzero y, al día siguiente, los niños encuentran sus regalos de Navidad.

INVIERNO

alquiler: pagar un dinero para poder disfrutar de una casa, coche, tierra, bicicleta, etc. durante un tiempo
bocadillo: 
pimentón: polvo que se hace triturando pimientos rojos secos

sorteo: regalar un premio a la gente; todo el mundo compra un billete con un número, se saca un número sin mirar y la persona que tiene el billete con ese número gana el premio

57

▶ 27 **Cada país del mundo celebra la Navidad de una manera diferente y en España tenemos algunas tradiciones muy especiales.**

¡Ya está aquí la Navidad!

El Belén

El Belén es el nombre que tienen en España los típicos pesebres de la religión católica que adornan muchas casas en estas fechas. Los pesebres son pueblos de invierno muy pequeños; se hacen con figuritas* y representan el día que nació el niño Jesús.

La tradición dice que se puede hacer el Belén antes de Navidad, pero el Niño Jesús se pone el día de Nochebuena. Y se quita el día de la Candelaria, el 2 de febrero. Muchas ciudades españolas hacen ferias para vender todos los objetos de decoración del Belén.

La zambomba

Es un instrumento de percusión, hay que darle golpes. Este instrumento es muy tradicional de las fiestas navideñas y se toca junto a los villancicos, las típicas canciones de Navidad. Se usa mucho y en algunas zonas de España la fiesta típica navideña con música y villancicos se llama zambombada.

58

Los aguinaldos

El aguinaldo es un regalo especial que se hace a los trabajadores. Normalmente es una cesta con comida para celebrar las fiestas de Navidad y fin de año. En España, hay también una costumbre muy alegre y divertida: los niños van casa por casa* cantando villancicos con de zambombas y panderetas. Cuando acaban de cantar, la persona de la casa les da dulces típicos (turrón, mazapanes, almendras...). Esto se llama pedir el aguinaldo.

Curiosidad
En muchas ciudades se hacen los pesebres vivientes, ¡con personas de verdad!

La lotería de Navidad

El día 22 de diciembre se celebra en España el sorteo de lotería más importante del año. Es el sorteo que da más dinero de todo el mundo, ¡por este motivo muchos españoles lo esperan todo el año!

¿Qué es un sorteo de lotería

La gente compra los billetes con un número. El día del sorteo unos niños sacan números al azar*. El billete que tiene el número que ha salido en el sorteo, gana el premio*.

Juego
El famoso sorteo de la lotería de Navidad fue instaurado por el rey Carlos III en el año...

a ☐ 1763
b ☐ 1939
c ☐ 1854

al azar: decide la suerte
casa por casa: por todas las casas
figura:
premio: dinero o cosa que una persona obtiene al ganar un concurso

INVIERNO

▶ 28 **La Cabalgata de Reyes Magos es el último evento de las fiestas de Navidad. Las fiestas acaban con esta noche mágica, un desfile que hace soñar a los niños y da otra vez una ilusión a los mayores: ¡una noche al año es posible la magia!**

LA CABALGATA DE REYES

El desfile de los sueños

La Cabalgata de Reyes es un desfile de carrozas* tradicional en las ciudades españolas el día 5 de enero, por la tarde. Los Reyes Magos llegan a las ciudades y los pueblos españoles con todos sus pajes* y ayudantes* que tiran una lluvia de caramelos desde las carrozas. Los niños escriben en sus cartas los regalos que quieren y las dan a los pajes. Después de la cabalgata, todo el mundo tiene que acostarse pronto; durante la noche, los Reyes Magos reparten los regalos por todas las casas.

Una historia de leyenda

Es imposible separar la historia y la leyenda de los Reyes Magos porque tienen muchas cosas iguales.

Jesús nació en un pueblo muy pequeño, Belén. Una estrella dio la noticia a estos tres magos de Oriente y fue con ellos hasta el lugar. Allí estaba el bebé con sus padres, María y José.

Los magos sabían que este niño era especial y muy importante para la historia de la humanidad; le visitaron y le ofrecieron oro, incienso y mirra como regalos.

El día 6 de enero se celebra esta visita al niño Jesús, es el día de la Epifanía. Los niños reciben los regalos de los Reyes Magos para recordar aquellos regalos que ellos dieron al bebé Jesús.

Tradiciones

Los Reyes dan regalos a los niños que han sido buenos durante todo el año. Los niños malos no tienen regalos, tienen carbón… ¡pero es un carbón dulce, para comer! Los Reyes Magos viajan durante toda la noche en sus camellos* dando regalos, ¡es un trabajo duro y cansado! Para ayudarles un poco, los niños les dejan en la ventana un poco de turrón*, polvorones*, leche y agua para los camellos. Además, se ponen los zapatos al lado, porque los Reyes Magos tienen que saber quién vive allí.

INVIERNO

Una llegada oficial

La cabalgata es un acto muy serio en todas las ciudades donde se celebra: las personas más importantes de la ciudad, como el alcalde, salen a esperar a los Reyes y leen un escrito de bienvenida. En las ciudades con mar, como Barcelona, Valencia o Palma de Mallorca, los Reyes Magos llegan en barco y todo el mundo va a esperarles al puerto. Desde allí empieza un desfile muy largo que va por las principales calles de la ciudad. El desfile de los Reyes también lleva música, danza, circo ¡y todas las diversiones posibles!

Todos los niños llevan una bolsa a la Cabalgata de Reyes porque desde las carrozas llueven miles y miles de caramelos. ¡Los más rápidos pueden llenar toda la bolsa!

ayudante: persona que ayuda a otra en su trabajo
camello:
carroza: coche grande con adornos y decoraciones
paje: persona que trabajaba con los reyes y personas nobles
polvorón: dulce de manteca y almendras típico de la Navidad
turrón: dulce de almendras y miel típico de la Navidad

▶ 29 Esta fiesta es muy típica de Cataluña y en español quiere decir *Tres vueltas*. La celebración es el 17 de enero, que es el día de San Antonio Abad, protector* de los animales. Durante la fiesta se hacen muchas actividades, pero la más importante, que da nombre al día, es dar tres vueltas (*tres tombs*, en catalán) al pueblo o a la iglesia.

Hace años la gente hacía una gran hoguera con troncos y hojas verdes. Los animales tenían que dar tres vueltas alrededor de la hoguera. Poco a poco la fiesta se hizo más cristiana y los animales empezaron a dar las vueltas alrededor de la iglesia o de la imagen de San Antonio para tener su protección. En muchos lugares, la gente lleva a sus mascotas*: perros, gatos, etc.

FIESTA DE LOS *TRES TOMBS*

Els *Tres tombs* de Igualada

Igualada es una ciudad que está en el interior de Cataluña, a unos 60 km de Barcelona. Aquí la fiesta de los *Tres tombs* es muy antigua y se hace durante dos días.
El sábado salen todos los carros en un desfile con las banderas y las personas que participan en la fiesta. El domingo, el día empieza con un desayuno para todas las personas visitantes*. Después empiezan las tres vueltas, un camino de unos 3 km. Al final se da la bendición* a todos los animales.

Fiesta de San Antonio en Vilanova y la Geltrú

También es muy importante. La fiesta empieza el fin de semana antes del 17 de enero. Hay muchas actividades para todo el mundo como bailes, conciertos, exposiciones… También se hacen *Els Tres tombs de foc* (Las tres vueltas de fuego), un espectáculo con diablos y bestias de fuego que dan tres vueltas a la ciudad y termina con un castillo de fuegos artificiales en la plaza mayor.
El día 17 de enero, los vecinos de Vilanova y la Geltrú tienen fiesta, ese día es el principal de las Fiestas de San Antonio. Empieza también con un gran desayuno y después sale el desfile de carros y animales. Esta fiesta es famosa porque tiene muchas carrozas y carros muy adornados.

Barcelona

También en la ciudad de Barcelona tiene mucha tradición en la fiesta. El desfile de carros, carruajes y animales va por el centro de la ciudad. El desfile se detiene delante de la Escuela Pía de Barcelona para la bendición de los animales ¡y son muchos los barceloneses que llevan a sus mascotas!

INVIERNO

Curiosidad

Hay una leyenda que dice que San Antonio quería mucho a los animales y siempre les ayudaba. Un día vio un cerdo enfermo, lo curó y el cerdito fue con él para siempre. Muchas veces se representa la imagen de San Antonio con un cerdito a los pies.

proteger/protector: cuidar de que a alguien o algo no le suceda nada malo
mascota: animal de compañía, que vive en casa con las personas
visitantes: las personas que van a ver algún lugar o a otras personas
bendición: en la religión, desear cosas buenas, salud y felicidad

CARNAVALES EN ESPAÑA

▶ 30 En España la fiesta de Carnaval es muy importante y se celebra por todas partes. Pero hay algunas ciudades con fiestas de Carnaval muy famosas, aquí vamos a ver dos carnavales muy divertidos, el de Cádiz y el de Tenerife.

¡Ya está aquí el carnaval de Cádiz!

En Cádiz hay disfraces*, colores y diversión, pero sobre todo mucha música...¡y sentido del humor!

Un poco de historia

El carnaval de Cádiz, de interés turístico internacional, tiene seis siglos de historia. Sus orígenes son del s. XV con los comerciantes genoveses. Cádiz también trabajaba mucho con los puertos del norte de Italia, como Venecia...¡y el Carnaval de Venecia es famoso en el mundo entero!
También llegaron a la ciudad esclavos* de África, con sus ritmos y músicas...¡el resultado fue una fiesta popular y con mucha alegría! A la Iglesia no le gustaba esta fiesta, pero el pueblo la defendió siempre. Durante la guerra contra Napoleón, ¡Cádiz era la única ciudad que celebraba su carnaval!

¿Qué hace la gente en Cádiz durante el carnaval?

Los gaditanos hacen desfiles, comen, bailan y, sobre todo, ¡cantan mucho! El carnaval son diez días, pero la fiesta empieza un mes antes, en enero, con el concurso de grupos en el Gran Teatro Falla. Con sus canciones, los grupos del concurso hablan de la realidad andaluza y española con humor e inteligencia.

Sábado de Carnaval

Esa noche, en Cádiz hay gente de toda España, y también muchos extranjeros. Pero la cosa más importante es ¡ir disfrazado!

El carnaval de Tenerife

Es otro carnaval muy famoso en España y también el menos frío.

¿Cómo empezó este carnaval?

Los europeos llegaron a las islas Canarias y llevaron el carnaval ya en el s. XV. Hay libros que dicen que en el s. XVIII se celebraban fiestas de máscaras en las casas de la gente con dinero de Santa Cruz de Tenerife. Durante la guerra civil (1936-1939) y hasta los años 70 se prohibió esta fiesta, pero las personas de Tenerife la celebraban de escondidas.

El Río de Janeiro Europeo

Internacionalmente es el segundo carnaval más famoso del mundo, después del carnaval de Río de Janeiro.
El famoso carnaval brasileño es famoso por sus trajes llamativos y coloridos, por la música, las percusiones y los bailes, ¡y el carnaval de Tenerife también!

El carnaval en el libro Guiness

En 1987 el carnaval de Tenerife entró el el Libro Guiness de los récords por celebrar un concierto en una plaza con la mayor cantidad de gente del mundo. El espectáculo fue de la cantante cubana Celia Cruz con la orquesta Billo's Caracas Boys, y había 250 000 personas. ¡Este récord no se ha superado hasta hoy!

disfraz/disfrazarse: vestido de máscara que se usa en las fiestas de carnaval/ acción de ponerse un disfraz
esclavo: persona que no tiene libertad

INVIERNO

EL ENTROIDO

▶ 31 Es el carnaval gallego, una fiesta popular que se celebra en algunos lugares de Galicia antes de la Cuaresma.

Diferentes pueblos, diferentes Entroidos

Esta antigua fiesta se hace en muchos pueblos Galicia y en cada pueblo es diferente.

Por ejemplo, el Entroido de Xinzo de Limia, es un acontecimiento* turístico nacional; es también una celebración de Carnaval muy larga: ¡son 5 semanas! Durante este tiempo todo el mundo sale a la calle a divertirse y cada domingo hay un evento diferente:

Xinzo de Limia

Domingo 1, *Domingo Fareleiro*: los vecinos hacen en la plaza del pueblo una divertida batalla de... ¡harina!

Domingo 2, *Domingo Oleiro*: los participantes hacen corros* y tiran al aire ollas de barro*, pero no tienen que caer al suelo, no pueden romperse.

Domingo 3, *Domingo Corredoiro*: salen todas las comparsas disfrazadas por las calles del pueblo.

Domingo 4, está dentro de los 5 días de Entroido, de viernes a martes.

Entierro de la Sardina: final del carnaval.

Domingo 5, *Domingo de Piñata*: para los más pequeños.

El jueves de compadres

En muchos pueblos celebran este día solo para las mujeres, ¡los hombres no están invitados! Con marido, sin marido, niñas, mayores… todas las mujeres salen a la calle. Pero no salen solas de casa, llevan a su "compadre", su compañero, un muñeco que todas hacen con ropa vieja. Tradicionalmente el mejor "compadre" subía en un burro★ y era el primero en quemar en la hoguera.
¿Y los hombres? al jueves siguiente ellos celebran el jueves de comadres: es la misma fiesta, pero al revés.

La Pantalla

Es un personaje muy importante del Entroido de Xinzo de Limia. Sale a la calle con ropa blanca, decoraciones de colores y una "pantalla", una máscara que es la cara de un demonio que sonríe. Durante los días del Entroido, las Pantallas salen a la calle y buscan a los vecinos sin disfrazar. Para las mujeres, tocan y bailan a su alrededor; a los hombres les piden una bebida y luego les cantan una canción. Las Pantallas están por todas partes, saltan alegres, se divierten y bailan.
Cada pueblo tiene varios personajes típicos, una música, un desfile o un baile. Todos ellos existen desde hace muchos siglos y son tradiciones muy especiales. Durante esos días no hay reglas, todo es posible y hay que divertirse.

INVIERNO

acontecimiento: cosa que no se hace normalmente
burro:
corro: círculo de personas que se dan las manos
olla de barro:

67

SILBO GOMERO

▶ 32

La isla de la Gomera

La Gomera es una de las siete islas Canarias. Está en el océano Atlántico y es más pequeña que las otras islas, solo la isla de El Hierro es menor que La Gomera.
Esta isla es un paraíso* de la naturaleza, con muchos tipos de plantas y animales que solo viven allí.
También es una isla con muchas montañas y en el centro está el Parque natural de Garajonay, Patrimonio de la Humanidad de la Unesco.

Una manera diferente de comunicarse

Las primeras personas que vivían en La Gomera, los guanches, silbaban* para comunicarse desde lejos, así nació el Silbo gomero. También se usaba en otras islas como Tenerife, El Hierro y Gran Canaria. Después de la conquista* de las islas, el idioma guanche desapareció y todo el mundo empezó a hablar español. Pero el silbo todavía existe en La Gomera, en las otras islas ya no se usa.
Con el teléfono, móviles, mensajes, correos electrónicos… el silbo ya no era necesario para comunicar y estaba desapareciendo, por este motivo el Gobierno de las Islas Canarias pensó que era una buena idea estudiarlo en la escuela. Esta

ha sido una manera excelente de darle vida y ahora todos los habitantes de La Gomera conocen este lenguaje.
Desde 2009 el silbo es Patrimonio Inmaterial de la Humanidad de la Unesco.
Este lenguaje puede decir muchos mensajes, representa el idioma español y cambia las vocales y consonantes por silbidos: dos silbidos para las cinco vocales y cuatro silbidos para las consonantes. Con solo estos seis tipos de silbidos pueden decir más de 4000 ideas.

Fiestas de San Sebastián

San Sebastián es el nombre del pueblo principal de La Gomera, su capital. El patrón es San Sebastián y celebran la fiesta el día de este santo, el 20 de enero. Durante las fiestas hay muchos actos y actividades tradicionales de bailes y música. Pero el evento principal es la romería de San Sebastián. Durante la romería, los gomeros usan mucho el silbo para comunicarse entre ellos y saber qué hacer en todo momento. Para los gomeros utilizar este lenguaje entre ellos es una manera de darle fuerza porque no desean su desaparición.

conquistar: llegar a un territorio y apoderarse de él por la fuerza
paraíso: lugar muy bonito, de naturaleza maravillosa
silbar: sacar aire por entre los labios juntos haciendo un sonido

INVIERNO

▶ 33 **LA FIESTA DEL FUEGO**
Es la última fiesta del invierno y la primera de la primavera

El 19 de marzo, los valencianos queman unas esculturas muy grandes y bonitas que han hecho durante meses de trabajo. La ciudad está llena de gente que va a las plazas para ver las "fallas" y por todas partes hay color, humo, olor a pólvora* y mucho, mucho ruido.

LAS FALLAS DE VALENCIA

Vocabulario "fallero"

Falla: quiere decir "antorcha" (madera con fuego) en valenciano; son las esculturas que se queman durante la fiesta. Por las calles de Valencia hay más de 700 fallas que los vecinos de la ciudad han hecho. Son de papel y otros materiales sobre madera, a veces son muy grandes, ¡hasta de 20 metros! Cada falla representa con humor alguna escena de la vida.

Ninot: es cada uno de los personajes de las fallas; en una falla puede haber muchos ninots. Muchas veces son caricaturas* de personajes famosos.

Las Comisiones: son los grupos de vecinos que deciden el tema de cada falla y el programa de fiestas de su calle.

La *Mascletà*: durante los días de la fiesta, los fuegos artificiales son muy importantes. La *mascletà* se hace cada día a las 2 de la tarde y es... ¡ruido! Petardos, cohetes, etc., que explotan a la vez y llenan las calles de humo y pólvora.

Nit de foc: durante los cuatro días de las Fallas, a media noche, los "castillos" de fuegos artificiales están por todo el cielo; es muy importante el de la noche antes de San José. El 18 de marzo por la noche se celebra la *Nit de Foc*, con un enorme "castillo" de fuegos artificiales de 2500 kg de material pirotécnico★.

La Cremà: es el momento principal de las fiestas: la noche del 19 de marzo. Desde las diez de la noche, empiezan a quemar las fallas: primero las de los niños y después todas las demás. El fuego no está nunca solo, siempre hay fuegos artificiales y música, y la noche es una gran fiesta.

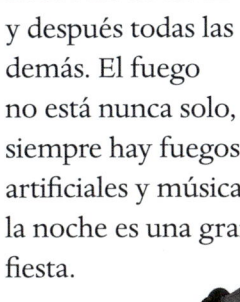

INVIERNO

Orígenes

El día más importante es el 19 de marzo, fiesta de San José, patrón de los carpinteros★.

Los carpinteros tenían la tradición de celebrar a su patrón y también el final del invierno. Lo hacían quemando en la calle el *parot*: un palo con las luces que usaban en invierno para trabajar por la noche. Con el tiempo, añadieron más cosas a la hoguera y vistieron con ropas al *parot* para representar a una persona. Este fue el nacimiento del primer *ninot*.

caricatura: dibujo que representa a una persona con mucho humor
carpintero: persona que hace objetos de madera
pirotécnico: relacionado con los fuegos artificiales
pólvora: polvillo negro explosivo

71

ACTIVIDADES PRIMAVERA

1 Completa el crucigrama con las definiciones adecuadas y descubre cuál es el plato típico valenciano famoso en todo el mundo:

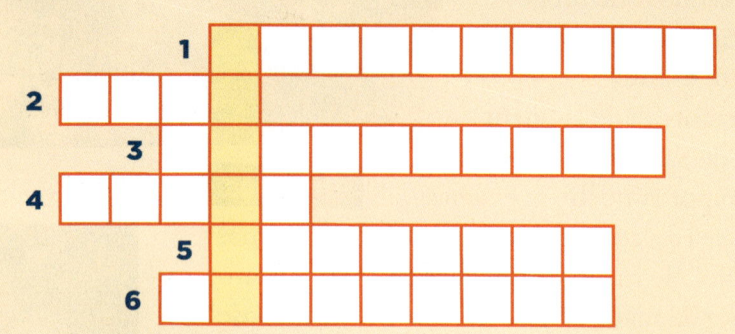

1. Benjamin Franklin utilizó una cometa para inventarlo.
2. Material con el que se fabrican las cometas, también se utiliza para hacer ropa.
3. Tiendas al aire libre.
4. La cometa _ _ _ _ _ por el cielo.
5. El vuelo de la cometa es un símbolo de _ _ _ _ _ _ _ _.
6. Nombre que se da en Valencia a las cometas.

2 ¿Has leído el artículo sobre los dulces de Pascua en España? Escribe un texto breve y explica qué comida típica se come en tu país en Pascua.

3 Completa este fragmento con los verbos en el tiempo adecuado:

> montar • esperar • haber • pasear • ser • reunirse • estar • visitar

Todos los sevillanos **1** .... muy ilusionados el mes de abril. Es el momento de vestir sus trajes de Faralaes y de ir a la Feria a bailar sevillanas.
Todo el público **2** .... en un lugar muy grande llamado Real de la Feria; allí cada grupo **3** .... pequeñas casas (se llaman casetas) y calles por las que los coches de caballos **4** .... En las casetas **5** .... espectáculos de sevillanas y flamenco y la gente puede ir a comer y **6** .... con sus amigos.
7 .... una fiesta muy importante que cada día
8 .... unas 500 000 personas. En 1980 la hicieron Fiesta de Interés Turístico Internacional.

4 Contesta verdadero o falso:

		V	F
1	La Fiesta de Moros y cristianos es típica de Madrid.	☐	☐
2	Los patios de Córdoba tienen muchas plantas y flores.	☐	☐
3	El geranio es una planta típica del Mediterráneo.	☐	☐
4	Hay diecisiete caminos que van hacia el Rocío.	☐	☐
5	El parque de Doñana está en Tenerife.	☐	☐
6	En un cuadro de Velázquez se ve la fiesta de San Isidro de Madrid.	☐	☐
7	En La Orotava se hacen alfombras de flores todo el año.	☐	☐
8	En la fiesta de la Patum de Berga hay mucho fuego y música.	☐	☐

ACTIVIDADES VERANO

5 Vuelve a leer el texto y termina las siguientes frases:

1 La noche de San Juan es la más.
....

2 El rito principal de la noche de San Juan es.
....

3 La fiesta de San Fermín se celebra en .... el
....

4 Todas las personas que hacen el camino de Santiago son
....

5 Se puede empezar el Camino de Santiago
....

6 En verano es normal ver "balls de diables" en las fiestas populares de ....

7 Desde los años 90 La Tomatina ha sido cada vez
....

8 El río Sella no es muy largo, nace .... y termina su viaje...........................

▶ 34 **6 Escucha el siguiente fragmento y di de qué evento están hablando:**

1 La Tomatina/Los Sanfermines/San Juan
2 Los Sanfermines/Diablos y bestias de fuego/La Tomatina
3 San Juan/El descenso del Sella/Diablos y bestias de fuego

7 **Contesta a las siguientes preguntas:**
1. ¿Qué es la vieira? ¿Por qué muchos peregrinos regresaban a sus casas con una vieira?
2. ¿Cuáles eran las ciudades santas para la religión cristiana en la Edad Media?
3. ¿De qué fiesta española habla la novela *Fiesta*? ¿Quién la escribió?
4. ¿Quién era Pirene en la mitología griega? ¿A qué montañas da nombre?
5. ¿Qué tipo de festival es el Pirineos Sur?

8 **¿Con que eventos del verano relacionas las siguientes imágenes?**

a
b
c
d
e

9 ¿Qué fiesta del verano te ha gustado más? Habla durante unos minutos sobre ella y explica por qué te gusta más que las demás.

ACTIVIDADES OTOÑO

10 Busca en la sopa de letras los nombres de diez productos típicos del otoño y descubre con las letras que sobran el nombre de un plato típico de Todos los Santos.

A	G	U	A	C	A	T	E	H	U	H	I	G	O	S	E	S	O
N	U	E	C	E	S	C	A	S	T	A	Ñ	A	S	S	D	A	V
E	L	L	A	N	A	S	E	S	D	A	T	I	L	E	S	A	C
E	I	T	U	N	A	S	A	N	C	H	I	R	I	M	O	Y	A
S	T	B	O	N	I	A	T	O	N	A	R	A	N	J	A	S	O

11 Ahora relaciona los siguientes productos del otoño con las imágenes:

1. ☐ naranja
2. ☐ boniato
3. ☐ higo
4. ☐ aceituna
5. ☐ piñones
6. ☐ chirimoya

a   b   c   d   e   f

12 Relaciona las frases de la columna de la derecha con las de la izquierda:

1. Cada año se celebra el festival de cine fantástico
2. La fiesta de Eid-al-Adha
3. La manera tradicional de obtener el mosto de la uva
4. El Samhain es una fiesta de origen celta
5. Las fiestas del Pilar

a. es la única fiesta oficial musulmana en España.
b. es pisarla con los pies, sin zapatos.
c. en el bonito pueblo de Sitges.
d. que celebra el final de la cosecha.
e. son las fiestas de Zaragoza.

13 Has pasado Todos los Santos en España. Escribe una postal a un amigo y describe todas las cosas que has visto.

14 Lee las siguientes definiciones y completa con las palabras que faltan:

1 Atracción de las Fiestas del Pilar para los niños. Es una figura muy grande y los más pequeños pueden entrar por dentro y salir por un tobogán. _ _ _ _ _ _ _ _ _ _ _
2 Los frutos que se recogen de la tierra cuando están maduros. _ _ _ _ _ _ _
3 Persona que practica el deporte vasco de cortar troncos de árboles con un hacha. _ _ _ _ _ _ _ _ _
4 Persona que trabaja en el mundo del cine. _ _ _ _ _ _ _ _
5 Cada una de las cuatro partes en que dividimos el año. _ _ _ _ _ _ _ _

ACTIVIDADES INVIERNO

▶ 35 **15 Escucha el texto y completa los espacios en blanco:**

   a La txistorra es una _ _ _ _ _ típica del País Vasco. Es una salchicha de carne y es de color _ _ _ _ _ porque tiene pimentón. En la Feria de Santo Tomás en San Sebastián es típico comer _ _ _ _ _ de txistorra por la calle.

   b El Belén es el nombre que tienen en España los _ _ _ _ _ pesebres de la religión católica que adornan muchos hogares en estas fechas. Los pesebres son _ _ _ _ _ de invierno muy pequeños; se hacen con figuritas y representan el día que _ _ _ _ _ el niño Jesús.

   c Durante el _ _ _ _ _ de Cádiz los gaditanos hacen _ _ _ _ _ _, comen, bailan y cantan mucho. En el Gran Teatro Falla la ciudad celebra un concurso de canciones, todos los grupos _ _ _ _ _ cantan canciones muy divertidas.

16 Completa las siguientes frases:

   1 La Cabalgata de Reyes es el último evento de ....
   2 Los Reyes Magos regalaron al niño Jesús ...., ... y ....
   3 Los niños españoles escriben .... a los Reyes Magos para pedirles regalos.
   4 Las .... reciben a los Reyes Magos el día de la Cabalgata.
   5 A los niños que no han sido buenos los Reyes Magos les regalan ....

17 **Termina la frase con la opción adecuada:**

1 En la Fiesta de los *tres tombs* participan animales porque...
   a las personas necesitan transporte.
   b porque así tienen la protección de San Antonio.

2 Durante el Entroido, el jueves de compadres...
   a todas las mujeres salen a la calle con un muñeco hecho por ellas.
   b todas las mujeres salen a la calle con sus maridos.

3 En la Gomera, los guanches silbaban para...
   a hablar, porque no sabían hablar de otra manera.
   b comunicarse desde lejos.

4 Los Ninots son unos personajes...
   a que los valencianos queman durante las Fallas.
   b son los fuegos artificiales que celebran los valencianos durante las Fallas.

5 La zambomba es...
   a un dulce típico de la Navidad.
   b un instrumento de percusión

18 **Contesta verdadero o falso a estas afirmaciones sobre el carnaval de Tenerife:**

	V	F
1 El carnaval de Tenerife es uno de los más fríos de España.	☐	☐
2 Hace mucho tiempo que se celebra.	☐	☐
3 El de Tenerife es el Carnaval más famoso de mundo.	☐	☐
4 Los carnavales de Río de Janeiro y Tenerife son muy diferentes.	☐	☐
5 Durante la Guerra Civil española era el único Carnaval que se podía celebrar.	☐	☐
6 Fueron los conquistadores europeos quienes introdujeron la celebración del Carnaval en Tenerife.	☐	☐

Syllabus

Destrezas
Describir lugares, fiestas, tradiciones y eventos - Hablar sobre tradiciones - Hablar sobre la historia - Describir alimentos y platos típicos - Hablar sobre las diferentes regiones de España - Describir similitudes y diferencias de las regiones españolas

Contenidos gramaticales
Nombres - Adjetivos - Adverbios - Preposiciones - Comparativos y superlativos - Pronombres demostrativos, pronombres relativos - Presente indicativo - Pretérito imperfecto - Pretérito perfecto simple - Pretérito indefinido - Formas no personales del verbo - Oraciones impersonales

Lecturas ELI Adolescentes   A2

Nivel 1
Maureen Simpson, *En busca del amigo desaparecido*
Miguel de Cervantes, *Rinconete y Cortadillo*
Raquel García Prieto, *¡Colegas!*
Francisco de Quevedo, *La vida del Buscón*

Nivel 2
Don Juan Manuel, *El conde Lucanor*
Miguel de Cervantes, *La gitanilla*
Johnston McCulley, *El Zorro*
Maria Luisa Banfi, *Un mundo lejano*
Mary Flagan, *El recuerdo egipcio*
Anónimo, *Cantar de mio Cid*
Raquel García Prieto, *La katana de Toledo*
Tirso de Molina, *Don Gil de las calzas verdes*
Raquel Garcia Prieto, *Iktán y la Pirámide de Chichén Itzá*
Cristina Bartolomé Martínez, *Madrid, ¡me encantas!*
Cristina Bartolomé Martínez, *¡De Fiesta!*

Nivel 3
Tirso de Molina, *El burlador de Sevilla*
Mary Flagan, *El diario de Val*
Maureen Simpson, *Destino Karminia*
Gustavo Adolfo Bécquer, *Leyendas*